# Thoreau

Collection dirigée par Lidia Breda

DU MÊME AUTEUR
CHEZ LE MÊME ÉDITEUR

*La Confiance en soi*
*Société et solitude*
*La Destinée et les Illusions*
*Anatomie des Anglais*

Ralph Waldo Emerson

# Thoreau

*Traduction de l'anglais (États-Unis)*
*et préface de Stéphane Thomas*

Rivages poche
Petite Bibliothèque

Retrouvez l'ensemble des parutions
des Éditions Payot & Rivages sur

payot-rivages.fr

*Note de l'éditeur* : L'édition utilisée pour la traduction est celle de *Emerson's Prose and Poetry*, New York, Norton, 2001.

# PRÉFACE

Quand Henry David Thoreau et Ralph Waldo Emerson font connaissance en 1837, le premier a 20 ans et sort tout juste du cycle secondaire de Harvard sans poursuivre d'études supérieures, le second a 34 ans, a démissionné de son poste de pasteur pour se lancer dans une longue carrière de conférencier et publié récemment son essai sur *La Nature*, que Thoreau a déjà lu. Dès lors sa biographie s'inscrit dans celle d'Emerson : qui l'héberge de 1841 à 1843 dans sa grande maison de Concord puis en fait l'année suivante le précepteur de son neveu à New York ; qui, plus conciliant que d'autres propriétaires, lui prête le terrain au bord du célèbre étang où il construit sa cabane et y réside de 1845 à 1847 (séjour à l'origine de son œuvre majeure, *Walden*) ; dont la femme Lydia l'invitera à nouveau chez lui pour passer l'hiver 1847-1848 pendant sa tournée de conférences en Angleterre ; qui démarchera des éditeurs pour publier son premier livre, *Une semaine sur les rivières Concord et Merrimack*, finalement accepté en 1849 par son propre éditeur, mais à compte d'auteur.

Emerson l'invite aussi aux réunions des transcendantalistes et publie à partir de 1840 ses premiers poèmes et articles dans leur revue, le *Dial*[1]. Les transcendantalistes étaient au départ un groupe de jeunes pasteurs lassés de la routine de leurs aînés et surtout de la philosophie matérialiste de Locke – rien n'est dans l'esprit que ce qui vient des sens – qui étouffait la vie intérieure, l'intuition spirituelle (celle du *monde invisible*) et l'idée de sens moral inné, dont les *lois supérieures {higher laws}* – expression d'alors que Thoreau prendra en 1854 pour titre d'un des chapitres de *Walden* – doivent l'emporter sur les lois injustes de l'État, à la manière d'Antigone. Dans un essai, *Expérience*, Emerson cite des vers de Sophocle sur « ces pensées qui ont toujours été » et dont « nul ne connaît l'origine ». Outre Thoreau, il convie Bronson Alcott, pédagogue, père de Louisa May Alcott (qui connaîtra la célébrité avec *Les Quatre Filles du docteur March*) et non-résistant, ou désobéisseur passif, qui cesse en 1840 de payer une taxe pour protester contre l'annexion du Texas comme État esclavagiste.

Et le cercle s'élargira pour accueillir nombre de femmes, notamment Margaret Fuller, traductrice de Goethe, auteure de *La Femme au* XIX^e^, et dont la vie écourtée par un naufrage à son retour d'Italie est un roman. Ils sont sensibles au sort des « classes laborieuses » et abolitionnistes, au point que certains membres fondent des communautés agricoles égalitaires (Brook Farm pour George Ripley, qui abandonne aussi le pastorat, Fruitlands pour Alcott) qui toutes échouent plus ou moins vite. Emerson n'y participe pas, pensant que toute amélioration sociale naît d'abord du progrès moral de l'individu ; Thoreau non plus – Walden est sa propre utopie solitaire.

Tel était l'ascendant d'Emerson que dans un premier temps le jeune disciple imitait la graphie, les intonations, la gestuelle de son mentor – et jusqu'à son nez disait un observateur malicieux. Quant aux idées, si le critique James Russell Lowell poussait la caricature jusqu'à écrire qu'il cueillait ses pommes dans le verger du maître (voir *Fable for Critics*, 1849), les spécialistes des deux auteurs soulignent aujourd'hui tant leurs convergences de vue que leurs divergences et leur enrichissement mutuel, au point qu'« il est parfois impossible de dire qui a pris quoi à qui ». Il est toutefois tentant de lire *Éthique littéraire*, une conférence d'Emerson de 1838 d'accès moins ardu que l'essai sur *La Nature* (« bible du transcendantalisme », selon une expression consacrée), comme le programme de l'œuvre et de la vie de Thoreau : appel à décrire de façon précise la nature américaine, à ce jour encore « toute neuve et indécrite », et pour l'éthique : être charitable, travailleur, concentré, solitaire. Dans son essai de 1844 sur *La Politique*,

Emerson notait aussi : « Les justes ne doivent pas trop bien obéir aux lois », et : « moins nous avons de gouvernement, mieux c'est » – deux phrases dont l'écho résonnera dans l'essai de Thoreau sur *La Désobéissance civile* – l'autre titre, avec *Walden*, sur lequel s'est bâtie sa gloire, largement posthume.

Un soir de juillet 1846, quittant sa cabane de Walden pour aller reprendre une chaussure chez le cordonnier de Concord, il est arrêté par le gendarme de la commune, qui est aussi le percepteur, pour n'avoir pas payé une taxe locale depuis quatre ans et est écroué – pour une nuit seulement, l'une de ses tantes ayant réglé la dette, à son grand dam, car pour lui, sous un gouvernement injuste, la place du juste est en cellule. Emerson eut le temps de se rendre à la prison : « Henry, pourquoi êtes-vous là ? », qui aurait répliqué « Waldo, pourquoi n'y êtes-vous pas ? » Si Thoreau suivait là l'exemple d'Alcott, il suivait aussi son caractère, car il affectionnait la rupture de ban : à son retour à Concord en 1837, il enseigne à l'école communale et démissionne au bout de deux semaines lorsqu'on lui enjoint d'infliger des châtiments corporels, et quand trois ans plus tard son église exige de lui le paiement d'une cotisation, il lui fait savoir qu'il ne souhaite plus être tenu pour membre. Il ne concevait pas les idées sans l'action : « On trouve aujourd'hui des professeurs de philosophie, mais pas de philosophes, écrira-t-il dans *Walden*. Être un philosophe, ce n'est pas seulement avoir des pensées subtiles, ni même fonder une école, mais aimer assez la sagesse pour vivre selon ses impératifs… C'est résoudre quelques-uns des problèmes de la vie non seulement en théorie mais aussi en pratique. » Les penseurs qui ont du succès, ajoutait-il, visant peut-être Emerson, vivent en général en « conformistes, et ne sont en aucun sens les progéniteurs d'une plus noble espèce d'hommes ».

Il relate son arrestation et se justifie dans une conférence de 1848 prononcée à Concord et publiée l'année suivante dans une éphémère revue de Boston sous le titre *Resistance to Civil Government*. Elle sera rééditée en 1866, quatre ans après sa mort – la tuberculose l'emporte alors qu'il n'a pas encore 45 ans – dans un recueil d'une partie de ses œuvres (*A Yankee in Canada* suivi de textes abolitionnistes) sous un nouveau titre : *Civil Disobedience.*

Au retour d'Emerson en juillet 1848, Thoreau perd sa place auprès de Lydia, à laquelle son *Journal* montre qu'il était singulièrement attaché, et de leurs trois enfants (« revenez vite, écrivait-il à leur père, ou vous serez remplacé ») et repart vivre chez ses parents, travaillant à la fabrique de crayons familiale ou arpentant en pleine nature les fermes de la région. Alors que de son côté Emerson multiplie les volumes d'essais (*Première série*, 1841, qui contient le célèbre *Self-Reliance* – l'un des dix titres favoris de Barack Obama – ; *Seconde série*, 1844 ; *Nature. Discours et conférences*, 1849), *Une semaine sur les rivières Concord et Merrimack* est un échec commercial (dans son *Journal*, il ironise sur sa bibliothèque de près de 900 volumes, dont 700 de son propre livre), et il reçoit comme une « flèche empoisonnée » une remarque d'Emerson sur l'ouvrage : leurs relations se tendent. Mais « même si l'amitié entre deux hommes de qualité se rompt, notait Thoreau sur ce sujet, citant un philosophe oriental, leurs principes demeurent inaltérés. S'il arrive que la tige du lotus se brise, les fibres demeurent connectées ». Et Emerson reconnaissait à la fin de sa vie que Thoreau avait été son meilleur ami.

L'hommage qu'il lui a rendu le jour de son enterrement – le 9 mai 1862, « un beau jour clair et calme » selon Louisa May Alcott – présente avec son père – témoigne, jusque dans la note critique de la fin sur le « capitaine de cueilleurs de myrtilles », de la densité des fibres qui les reliaient. Développé et publié trois mois plus tard en revue, il sera repris sous le titre *Esquisse biographique* en tête d'*Excursions* (1863), recueil de textes de Thoreau établi par sa sœur et Emerson et qui comprend notamment son essai sur la marche, *Walking*. C'est, selon Robert Richardson, biographe de Thoreau (1986) et d'Emerson (1995), le « meilleur texte biographique d'Emerson, le plus personnel, et il reste ce qu'on a écrit de mieux à ce jour sur Henry Thoreau ».

Stéphane THOMAS

# THOREAU

Henry David Thoreau était le dernier descendant d'un ancêtre français venu dans ce pays de l'île de Guernesey[2]. Son caractère présentait parfois des traits hérités de ce sang singulièrement combinés à un très fort génie saxon.

Il est né à Concord, Massachusetts, le 12 juillet 1817. Il a été diplômé de Harvard College en 1837, mais sans aucune distinction littéraire. Iconoclaste en littérature, il a rarement remercié les *colleges* pour le service qu'ils lui avaient rendu, les tenant en piètre estime, alors qu'il leur devait beaucoup[3]. Après avoir quitté l'Université, il a rejoint son frère pour enseigner dans son école privée et y a rapidement renoncé. Son père était un fabricant de crayons à papier et Henry s'est consacré un moment à cette activité, croyant qu'il pourrait produire un meilleur crayon que celui qui était alors en usage. Il fit des expériences, montra son travail à des chimistes et des artistes de Boston et, après avoir obtenu qu'ils certifient son excellente qualité, comparable à la meilleure fabrique de Londres, il rentra chez lui satisfait[4]. Ses amis le félicitèrent de s'être ainsi ouvert un chemin vers la fortune. Mais il répondit qu'il ne ferait jamais un autre crayon. « Pourquoi le ferais-je ? Je ne souhaite pas refaire ce que j'ai déjà fait. » Il reprit ses promenades sans fin et ses études diverses, faisant chaque jour plus ample connaissance avec la Nature, sans jamais parler encore de zoologie ou de botanique, car, bien que très attentif aux faits naturels, il se désintéressait du discours technique de la science.

À cette époque, robuste jeune homme en pleine santé, frais émoulu du *college*, alors que tous ses compagnons choisissaient leur profession ou aspiraient à se lancer dans une activité lucrative, il était inévitable que cette question occupe aussi ses pensées, et c'était prendre une décision rare que de refuser les carrières habituelles et de conserver sa liberté solitaire au risque de décevoir les attentes naturelles de sa famille et de ses amis – d'autant plus difficile qu'il était d'une parfaite probité et considérait qu'assurer son indépendance est un devoir dont chacun doit s'acquitter. Mais Thoreau n'a jamais fléchi. Il était un protestant-né. Il a refusé d'abandonner sa vaste ambition de connaissance et d'action pour l'étroitesse d'une carrière professionnelle, répondant à une vocation beaucoup plus générale, l'art de bien vivre. S'il dédaignait ou bravait les opinions d'autrui, ce n'était que pour mieux concilier sa pratique et ses principes. Jamais oisif ni enclin aux plaisirs, il préférait, quand il avait besoin d'argent, le gagner par quelque travail manuel qui lui plaisait, comme construire un canot ou une clôture, planter, greffer, arpenter ou tout autre travail de courte durée plutôt que des engagements à long terme. Avec son tempérament endurant et ses besoins limités, son habileté à travailler le bois et son arithmétique puissante, il était tout à fait apte à vivre dans n'importe quelle région du monde. Il lui fallait moins de temps qu'aux autres pour satisfaire ses besoins. Il s'assurait ainsi son temps libre.

Une capacité naturelle à mesurer, née de ses connaissances mathématiques, et son habitude de déterminer la dimension et la distance des objets qui l'intéressaient, la taille des arbres, la profondeur et l'étendue des étangs et des rivières, la hauteur des montagnes, la distance à vol d'oiseau de ses sommets favoris, à quoi s'ajoute sa connaissance intime des environs de Concord, l'ont amené vers la profession d'arpenteur. Cette activité avait pour lui l'avantage de le conduire continuellement sur de nouveaux terrains retirés et de favoriser son étude de la Nature. Sa précision et son habileté dans ce travail furent vite appréciées et il trouvait tout l'emploi qu'il souhaitait.

Il pouvait facilement résoudre les problèmes de l'arpenteur, mais il était chaque jour assailli par de plus graves questions, qu'il a courageusement affrontées. Il interrogeait chaque usage et souhaitait établir toute sa pratique sur un fondement idéal. Il était protestant *à l'outrance*[5], et peu de vies ont connu tant de renoncements. Il n'a suivi aucune formation professionnelle, il ne s'est jamais marié, il vivait seul, il n'allait jamais à l'église, il ne votait jamais, il a refusé de payer une taxe à l'État, il ne mangeait pas de viande, ne buvait pas de vin, n'a jamais connu l'usage du tabac et, bien que naturaliste, n'utilisait ni piège ni fusil. Il a fait le choix, sage sans doute dans son cas, d'être le célibataire de la pensée et de la Nature. Il n'avait aucun talent pour la richesse et savait comment être pauvre sans la moindre trace de misère ou d'inélégance. Ce mode de vie s'est peut-être imposé à lui sans qu'il l'ait vraiment programmé, mais il l'a accepté par la suite avec sagesse. « L'idée me vient souvent à l'esprit, écrivait-il dans son *Journal*, que si on me donnait les richesses de Crésus, mes fins devraient rester les mêmes, et mes moyens essentiellement les mêmes. » Il n'avait pas de tentations à combattre – pas d'appétits, pas de passions, pas de goût pour les bagatelles luxueuses. Une belle maison, une belle tenue, les façons et la conversation de la classe très éduquée n'avaient aucun attrait pour lui. Il préférait de loin un Indien de valeur et tenait ces raffinements pour des obstacles à la conversation, souhaitant rencontrer son prochain dans les plus simples termes. Il déclinait les invitations à dîner, parce qu'on y est les uns sur les autres et qu'il ne pouvait rencontrer les individus pour aucune fin précise. « Ils tirent leur fierté, disait-il, du coût élevé de leur dîner ; je tire ma fierté du coût modeste du mien. » Quand on lui demandait à table quel plat il préférait, il répondait : « le plus proche ». Il n'aimait pas le goût du vin et n'a jamais eu un vice de sa vie. Il disait : « J'ai un vague souvenir du plaisir de fumer des tiges de lis sèches, avant l'âge d'homme. J'en avais habituellement une réserve. Je n'ai jamais rien fumé de plus nocif[6]. »

Il a choisi d'être riche en réduisant ses besoins et en les satisfaisant lui-même. Quand il voyageait, il ne prenait le train que pour traverser autant d'étendue sans rapport avec le but initial, parcourant à pied des centaines de kilomètres, évitant les hôtels, louant un abri chez les paysans et les pêcheurs, moins cher et plus à sa convenance et parce qu'il pouvait plus facilement trouver là les hommes et l'information qu'il cherchait.

Il était un peu militaire par nature, irréductible, toujours énergique et efficace, mais rarement tendre, comme s'il ne se sentait exister que dans l'opposition. Il cherchait le faux-semblant à dévoiler, l'erreur à clouer au pilori, je dirais même qu'il lui fallait un petit sentiment de victoire, un roulement de tambour, pour mobiliser pleinement ses capacités. Il ne lui coûtait rien de dire « Non » ; il trouvait en fait que c'était beaucoup plus facile que de dire « Oui ». C'était comme si son premier instinct en entendant une proposition était de la contredire, tant il était impatient des limites de notre pensée ordinaire. C'est un trait qui ne manque pas de refroidir un peu les relations, et même si l'interlocuteur l'acquittait à la fin de toute malveillance ou fausseté, la conversation en pâtissait. De sorte qu'aucun compagnon semblable n'entretenait de relations chaleureuses avec quelqu'un de si pur et si intègre. « J'ai de l'affection pour Henry, disait l'un de ses amis, mais je ne l'apprécie pas ; quant à lui prendre le bras, je prendrais plus volontiers le bras d'un orme[7]. »

Mais tout ermite et stoïcien qu'il était, il recherchait vraiment la sympathie et se jetait de tout cœur comme un enfant parmi les jeunes gens qu'il aimait et à qui il prenait plaisir à raconter, comme lui seul le pouvait, les diverses anecdotes sans fin de ses expériences des champs et des rivières. Et il était toujours prêt à mener une cueillette de myrtilles ou une excursion en quête de châtaignes ou de raisins. Henry remarquait un jour, à propos d'un discours public, que tout ce qui réussissait auprès de l'audience était mauvais. Je lui dis : « Qui n'aimerait écrire quelque chose que tout un chacun peut lire, comme *Robinson Crusoé* ? et qui ne voit avec regret que sa page n'est pas solidement bâtie sur un juste sens du concret qui plaît à tout le monde ? » Henry n'était bien entendu pas d'accord et vantait les conférences de qualité qui ne touchent que quelques personnes. Mais au dîner une jeune fille, comprenant qu'il devait donner une conférence au Lyceum, lui demanda sans détour « si sa conférence serait une belle histoire intéressante comme elle souhaitait en entendre, ou si c'était une de ces vieilleries philosophiques dont elle n'avait que faire ». Henry se tourna vers elle, pensif, et s'efforçait visiblement de croire qu'il avait de quoi la satisfaire, elle et son frère, qui devaient ce soir-là assister à la conférence si elle leur convenait.

Il avait un discours et une action de vérité – il était né ainsi –, ce qui l'entraînait dans des situations dramatiques. En toute occasion, tous ceux qui étaient là souhaitaient savoir quelle part Henry y prendrait et ce qu'il dirait, et il ne les décevait pas, portant toujours un jugement original sur l'événement. En 1845, il s'est construit une petite maison sur les rives de Walden Pond et a vécu là deux ans seul, une vie de travail et d'étude. C'était un geste tout à fait naturel et qui convenait à son tempérament. Personne, parmi ceux qui le connaissaient, ne l'auraient accusé d'affectation. Il différait davantage de ses voisins par sa pensée que par son action. Dès qu'il eut épuisé les avantages de cette solitude, il l'abandonna. En 1847, désapprouvant certains emplois de l'argent public, il refusa de payer sa taxe municipale et fut emprisonné[8]. Un ami paya pour lui et il fut libéré. Le même problème menaçait de se reproduire l'année suivante, mais comme ses amis payaient la taxe, malgré sa protestation, je crois qu'il a cessé de résister. L'opposition et le ridicule n'avaient aucune prise sur lui. Il exprimait froidement et pleinement son opinion sans faire semblant de croire que c'était celle de la compagnie. Que tous ceux qui étaient présents aient l'opinion contraire n'y changeait rien. Il se rendit un jour à la bibliothèque de l'Université pour se procurer des livres. Le bibliothécaire refusa de les lui prêter. M. Thoreau alla voir le président, lequel lui rappela le règlement et les usages, qui permettaient le prêt de livres aux résidents diplômés, aux anciens élèves pasteurs et à quelques autres personnes résidant dans un rayon d'une quinzaine de kilomètres autour de l'Université. M. Thoreau expliqua que le chemin de fer avait détruit l'ancienne échelle des distances, que la bibliothèque était inutile, à l'évidence, le président et l'Université inutiles aussi, selon les termes de son règlement, que le seul bénéfice qu'il devait à l'Université était sa bibliothèque, qu'à ce moment non seulement son besoin de livres était impératif mais qu'il lui fallait une grande quantité de livres et l'assura que lui, Thoreau, et non le bibliothécaire, en était le meilleur gardien. Bref, le président fut si impressionné par le plaignant et le règlement lui parut si ridicule qu'il finit par lui accorder un privilège qui grâce à lui s'avéra par la suite illimité.

Nul n'a été plus véritablement Américain que Thoreau. Sa préférence pour son pays et sa condition était authentique, et son aversion pour les manières et les goûts anglais et européens touchait presque au mépris. Il n'écoutait qu'avec impatience les nouvelles ou les *bon mots*[9] glanés dans les cercles londoniens, et s'il s'efforçait d'être courtois, ces anecdotes le fatiguaient. Les hommes s'imitaient tous les uns les autres, et sur un petit modèle. Pourquoi ne peuvent-ils pas vivre aussi éloignés que possible, et chacun être un homme seul ? Ce qu'il cherchait c'était la nature dans toute son énergie et il souhaitait aller en Oregon, pas à Londres *(to Oregon, not to London)*. « Partout en Grande-Bretagne, écrivait-il dans son *Journal*, on découvre des vestiges des Romains, leurs urnes funéraires, leurs camps, leurs routes, leurs habitations. Mais la Nouvelle-Angleterre, au moins, n'est pas bâtie sur des ruines romaines. Nous n'avons pas à poser les fondations de nos maisons sur les cendres d'une civilisation antérieure. »

Mais, idéaliste comme il était, partisan de l'abolition de l'esclavage, de l'abolition des droits de douane et presque de l'abolition du gouvernement, il va sans dire qu'il estimait non seulement n'être pas représenté dans le monde politique réel mais se trouvait presque tout autant opposé à chaque variété de réformateurs. Il a cependant toujours rendu respectueusement hommage au Parti antiesclavagiste. Il a honoré un homme, dont il avait fait la connaissance personnelle, d'une considération exceptionnelle. Avant que le premier mot amical ait été prononcé en faveur du capitaine John Brown, après son arrestation, il adressa des avis à la plupart des habitants de Concord pour les informer qu'il s'exprimerait dans une salle publique sur la condition et le caractère de John Brown[10], le dimanche soir, et invita tout le monde à venir. Le Comité républicain et le Comité abolitionniste lui firent savoir que c'était prématuré et le lui déconseillaient. Il répondit :

« Je ne vous ai pas informé pour demander conseil, mais pour annoncer que je vais m'exprimer. » La salle fut très tôt remplie de gens de tous les partis et tous écoutèrent avec respect son éloge fervent du héros, et beaucoup avec une sympathie qui les surprit eux-mêmes.

On disait de Plotin[11] qu'il avait honte de son corps, et il est très probable que ce n'était pas sans raison – que son corps était un mauvais serviteur et qu'il n'était pas doué pour le monde matériel, comme il arrive souvent aux hommes à l'intelligence abstraite. Mais M. Thoreau était doté d'un corps très adapté et diligent. Il était de courte stature, solidement bâti, il avait le teint clair, avec des yeux bleus sérieux et intenses, et un aspect grave – les joues couvertes les dernières années d'une barbe qui lui allait bien. Ses sens étaient aiguisés, sa constitution bien charpentée et résistante, ses mains puissantes et habiles à manier les outils. Et le corps et l'esprit s'ajustaient à merveille. Il pouvait mesurer au pas seize perches plus précisément qu'une personne équipée d'une perche et d'une chaîne. Il pouvait, disait-il, mieux trouver son chemin la nuit dans les bois grâce à ses pieds qu'à ses yeux. Il pouvait à l'œil estimer correctement la taille d'un arbre ou donner comme un marchand le poids d'un veau ou d'un porc. D'une boîte contenant un boisseau ou plus de crayons en vrac, il pouvait saisir assez vite dans chaque main une douzaine juste à chaque fois. Bon nageur, coureur, patineur et rameur, il parcourait sans doute plus de kilomètres au cours d'une journée de marche que la plupart des gens de la campagne. Et la relation du corps à l'esprit était encore plus fine que nous ne l'avons indiquée.

Il disait qu'il voulait chaque enjambée que faisaient ses jambes. La longueur de sa marche déterminait invariablement la longueur de son écriture. Enfermé à la maison, il n'écrivait pas du tout.

Il avait un robuste sens commun, pareil à celui que Rose Flammock, la fille du tisserand, dans le roman de Scott, porte au crédit de son père, et qui ressemble à une aune, propre à mesurer de la grosse toile de lin et de l'étoffe à fleurs, mais aussi bien de la tapisserie et des tissus brodés d'or[12]. Il avait toujours une nouvelle ressource. Plantant des arbres forestiers, je m'étais procuré un demi-seau de glands. Il me dit que seule une partie serait saine et commença à les examiner et à sélectionner les bons. Mais comme c'était long, « Je pense, fit-il, que si vous les mettez tous dans l'eau, les bons vont couler » – expérience que nous tentâmes avec succès. Il pouvait concevoir un jardin, une maison ou une grange, il aurait été apte à mener une « Expédition d'exploration du Pacifique » et pouvait donner de judicieux conseils dans les plus graves affaires privées ou publiques.

Il vivait chaque journée pour elle-même, sans être encombré ni accablé par sa mémoire. S'il vous avait apporté hier une nouvelle proposition, il vous en apportait aujourd'hui une autre tout aussi révolutionnaire. Très actif et accordant, comme tous les hommes très organisés, une grande valeur à son temps, il semblait être le seul homme de loisir de la ville, toujours prêt pour une excursion qui promettait ou pour une conversation prolongée tardivement. Ses règles de prudence quotidienne ne retenaient jamais son esprit tranchant, toujours à la hauteur de l'occasion qui se présente.

Il aimait les plats les plus simples et si quelqu'un recommandait un régime végétarien, Thoreau, pour qui la question des régimes importait peu, affirmait que « le tireur qui abat un bison vit mieux que le pensionnaire de la Graham House[13] ». Il disait : « On peut dormir près du chemin de fer sans jamais être dérangé : la Nature sait très bien quels sons méritent d'être écoutés et a décidé de ne pas entendre le sifflet du train. Mais les choses respectent l'esprit pieux, et jamais une extase n'a été interrompue. » Il remarquait qu'il lui était arrivé à plusieurs reprises, après avoir reçu de loin une plante rare, de trouver bientôt la même sur son territoire familier. Et il connaissait ces coups de chance qui n'arrivent qu'aux meilleurs joueurs. Un jour, marchant avec un inconnu qui lui demandait où l'on pouvait trouver des pointes de flèche indiennes, il répondit : « Partout », et, se penchant en avant, en ramassa une à l'instant sur le sol. Sur le mont Washington, Thoreau fit une mauvaise chute dans le ravin Tuckerman et se foula le pied. Comme il se relevait, il vit pour la première fois les feuilles de l'*Arnica mollis*.

Son solide sens commun, armé de mains vigoureuses, de sens affûtés et d'une volonté puissante ne sauraient encore rendre compte de la supériorité qui brillait dans sa vie simple et cachée. Je dois ajouter ce fait cardinal qu'il portait en lui une excellente sagesse, propre à une rare catégorie d'hommes, qui lui montrait le monde matériel comme un moyen et un symbole. Cette découverte, qui accorde parfois aux poètes une certaine lumière fortuite et intermittente, tenant lieu d'ornement à leur écriture, était chez lui une intuition sans cesse en éveil, et quels que soient les défauts ou les obstructions de son tempérament qui ont pu la voiler, il n'a pas désobéi à la vision céleste[14]. Il avait dit un jour dans sa jeunesse : « L'autre monde est tout mon art : mes crayons n'en dessineront pas d'autre, mon canif ne coupera rien d'autre ; je n'en use pas comme d'un moyen. » Elle était la muse et le génie qui gouvernaient ses opinions, sa conversation, ses études, son travail et le cours de sa vie. Elle faisait de lui un juge clairvoyant des hommes. Au premier regard il en prenait la mesure, et bien qu'insensible à certaines finesses de culture, pouvait indiquer avec justesse leur poids et leur calibre. D'elle aussi venait l'impression de génie que donnait souvent sa conversation.

Il comprenait d'emblée la question et percevait les limites et la pauvreté de ses interlocuteurs, de sorte que rien ne semblait échapper à des yeux si terribles. J'ai rencontré à plusieurs reprises des jeunes gens sensibles convertis en un instant à l'idée que c'était l'homme qu'ils recherchaient, l'homme des hommes, qui pouvait leur dire tout ce qu'ils devaient faire. Il ne leur témoignait jamais d'affection, il était supérieur, didactique – méprisant leurs faiblesses –, n'accédant que très lentement, ou n'accédant pas du tout, à leur désir de le voir un jour chez eux, ou même chez lui. Ne viendrait-il pas marcher avec eux ? – Il ne savait pas. Rien ne lui importait plus que sa promenade, il n'avait pas de promenades à consacrer à la compagnie. Des gens respectables souhaitaient lui rendre visite, mais il refusait. Des admirateurs lui proposaient de l'emmener à leurs frais sur la Yellowstone River, dans les Antilles ou en Amérique du Sud. Même si rien n'était plus sérieux ou réfléchi que ses refus, ils rappellent sous un jour tout à fait nouveau la réplique du dandy Brummel au gentleman qui lors d'une averse lui offrait son équipage : « Mais comment allez-vous faire, vous ? » – et de quels silences accusateurs, de quels discours irrésistibles et pénétrants, abattant toutes les défenses, ses compagnons peuvent-ils se souvenir !

M. Thoreau a consacré son génie avec un amour si entier aux champs, aux collines et aux eaux de sa ville natale que tous les lecteurs américains, et même un public d'outre-Atlantique, les connaissent et s'y intéressent. Il connaissait la rivière sur les berges de laquelle il est né et il est mort depuis sa source jusqu'à sa confluence avec la Merrimack. Il l'avait observée été comme hiver pendant des années, et à chaque heure du jour et de la nuit. Il avait atteint plusieurs années auparavant par ses expériences personnelles les conclusions de l'étude récente de la Commission des eaux désignée par l'État du Massachusetts. Tout ce qui se produit dans le lit, sur les rives et dans l'air au-dessus ; les poissons, leur frai et leurs nids, leurs mœurs, leur alimentation ; les éphémères qui pullulent dans l'air un certain soir et que les poissons gobent avec une telle voracité qu'un grand nombre meurt de satiété ; les tas coniques de petites pierres sur les hauts-fonds – ces tas dont un seul peut parfois remplir une charrette à ras bord – qui sont les nids gigantesques de petits poissons ; les oiseaux familiers de son cours, héron, canard, tadorne, plongeon, balbuzard ; le serpent, le rat musqué, la loutre, la marmotte et le renard sur ses berges ; la tortue, la grenouille, la rainette, le grillon qui donnent un fond sonore aux berges – il les connaissait tous et ils étaient pour ainsi dire ses concitoyens et ses semblables, si bien qu'il ressentait comme une absurdité ou une violence toute présentation qui isole l'un d'eux du reste et plus encore indique ses dimensions sur une règle, expose son squelette ou un spécimen d'écureuil ou d'oiseau dans du brandy. Il aimait parler des mœurs de la rivière comme étant elle-même une créature légitime, mais avec exactitude et toujours à partir d'un fait observé. Il connaissait pareillement les étangs de la région[15].

L'une des armes qu'il employait, plus importante que le microscope ou le flacon d'alcool des autres naturalistes, était cette toquade à laquelle il se livrait avec complaisance mais donnait pour une affirmation tout à fait sérieuse de louer sa ville et ses environs d'être le centre le plus favorable à l'observation naturelle. Il constatait que la flore du Massachusetts comprenait presque toutes les plantes importantes d'Amérique – la plupart des chênes, la plupart des saules, les meilleurs pins, le frêne, l'érable, le hêtre, les arbres à fruits secs. Il retourna le *Voyage en Arctique* d'Elisha Kane à un ami à qui il l'avait emprunté avec cette remarque : « la plupart des phénomènes notés pourraient être observés à Concord ». Il semblait un peu envieux du Pôle, où le lever et le coucher du soleil coïncident – ce jour de cinq minutes après six mois : un fait splendide qu'Annursnuc[16] ne lui avait jamais offert. Il avait trouvé de la neige rouge au cours d'une de ses promenades et me disait qu'il espérait encore trouver la *Victoria regia* à Concord[17]. Il était l'avocat des plantes indigènes et reconnaissait préférer les mauvaises herbes aux plantes importées, comme il préférait l'Indien à l'homme civilisé – et notait, avec plaisir, que les tuteurs de saule de son voisin avaient poussé plus haut que ses haricots. « Regardez ces mauvaises herbes, disait-il, qu'un million de paysans ont sarclées tout le printemps et tout l'été, et qui pourtant l'emportent et poussent triomphantes à présent dans tous les chemins, les pâtures, les champs et les jardins, tant elles sont vigoureuses. Et nous les avons injuriées sous de vils noms, tels que *Pigweed* [herbe à cochon], *Wormwood* [ver de bois], *Chickweed* [mouron des oiseaux], *Shad Blossom* [fleur d'alose]. Ajoutant : elles portent aussi de beaux noms : Ambroisie, Stellaria, Amélanchier, Amaranthe, etc. »

Je crois que cette fantaisie de tout rapporter au méridien de Concord ne venait pas d'une forme d'ignorance ou d'une dépréciation des autres longitudes ou latitudes, qu'il s'agissait plutôt d'une expression enjouée de sa conviction de l'équivalence de tous les lieux, et de ce que le meilleur endroit pour chacun est celui où il se trouve. Il en a donné une fois la formulation suivante : « Je crois qu'on ne peut rien attendre de vous si vous ne préférez pas manger une bouchée de la terre qui est sous vos pieds à toute autre en ce monde ou dans tout autre monde. »

L'autre arme avec laquelle il a vaincu tous les obstacles à la science est la patience. Il savait comment rester immobile, partie intégrante de la roche sur laquelle il se tenait, jusqu'à ce que l'oiseau, le reptile, le poisson qui s'était éloigné revienne et reprenne ses habitudes, et même, mû par la curiosité, vienne à lui et l'observe.

C'était un plaisir et un privilège de marcher avec lui. Il connaissait la campagne comme un renard ou un oiseau, et la parcourait aussi librement par ses propres sentiers. Il reconnaissait chaque empreinte dans la neige ou sur le sol et savait quelle créature avait pris ce sentier avant lui. On ne pouvait que se soumettre servilement à un tel guide, et grande était la récompense. Il avait sous le bras un vieux cahier de musique où il pressait les plantes ; dans la poche son journal et un crayon, une longue-vue pour les oiseaux, une loupe, un canif et de la ficelle. Il portait un chapeau de paille, de fortes chaussures, un solide pantalon gris pour braver les buissons de chênes nains et les smilax et grimper sur un arbre pour voir un nid de faucon ou d'écureuil. Il allait dans les mares pour observer les plantes aquatiques et ses jambes puissantes n'étaient pas la moindre partie de son armure. Le jour dont je parle il cherchait le Ményanthe, le repéra de l'autre côté de la grande mare et, à l'examen de ses fleurons, estima qu'il était en fleurs depuis cinq jours. Il sortit son journal de sa poche de poitrine et lut les noms de toutes les plantes qui devaient fleurir ce jour-là et dont il tenait le compte comme un banquier ses rentrées à l'échéance. Le Cypripedium n'était pas attendu avant le lendemain. Il pensait que s'il se réveillait d'un long sommeil dans ce marais, il pourrait dire d'après les plantes à quel moment de l'année il se trouve à deux jours près. La paruline voletait ici et là, puis le beau bec-croisé, dont le brillant écarlate oblige l'imprudent qui le voit à se frotter les yeux et dont Thoreau comparait la belle note claire à celle d'un tangara dont la voix s'est éclaircie[18]. Il entendit peu après une note de la fauvette de nuit, c'est le nom qu'il lui donnait, un oiseau qu'il n'avait jamais identifié, qu'il guettait depuis douze ans, qui était toujours, lorsqu'il le voyait, en train de plonger dans un arbre ou un buisson et qu'il est vain de chercher ; le seul oiseau qui chante indifféremment de jour et de nuit. Je lui dis qu'il devait prendre garde de le trouver et de l'enregistrer, de peur que la vie n'ait plus rien à lui montrer. « Ce qu'on cherche en vain pendant la moitié de sa vie, fit-il, on le découvre un jour avec toute sa famille à dîner. On le cherche comme un rêve et dès qu'on le trouve on en devient la proie. »

Son intérêt pour la fleur ou l'oiseau avait des racines très profondes dans son esprit, était relié à la Nature – dont il ne tentait jamais de définir la signification. Il ne voulait pas présenter de mémoire de ses observations à la Société d'histoire naturelle. « Pourquoi le ferais-je ? Détacher la description de ses liens avec mon esprit serait pour moi la priver de sa vérité et de sa valeur, et ils ne souhaitent pas ce qui s'y rattache. » Son pouvoir d'observation semblait indiquer des sens supplémentaires. Il voyait comme au microscope, entendait comme avec un cornet et sa mémoire était un registre photographique de tout ce qu'il voyait et entendait. Et pourtant nul ne savait mieux que lui que ce n'est pas le fait qui importe, mais l'impression ou l'effet de ce fait sur l'esprit. Chaque fait reposait en gloire dans son esprit, comme un exemplaire de l'ordre et de la beauté du tout.

Son inclination pour l'histoire naturelle était organique. Il confiait qu'il se sentait parfois comme un chien de chasse ou une panthère et que s'il était né chez les Indiens, il aurait été un chasseur sanguinaire. Mais bridé par sa culture d'enfant du Massachusetts, il traquait le gibier sous cette forme douce de la botanique et de l'ichtyologie. Son intimité avec les animaux évoque ce que Thomas Fuller notait au sujet de Butler, qui étudiait les abeilles, « soit il leur avait dit des choses, soit les abeilles lui en avaient dit ». Les serpents s'enroulaient autour de sa jambe, les poissons nageaient dans sa main et il les sortait de l'eau, il tirait la marmotte de son terrier par la queue et protégeait les renards contre les chasseurs. Notre naturaliste était d'une parfaite magnanimité, il n'avait pas de secrets : il vous conduisait au repaire du héron ou même au marais botanique qu'il aimait le plus, pensant peut-être que vous ne pourriez jamais le retrouver, mais prêt à en prendre le risque.

Aucune université ne l'a jamais honoré d'un diplôme ou d'une chaire de professeur, aucune académie ne l'a accueilli à titre de secrétaire correspondant, de chercheur ou même de membre. Peut-être ces institutions savantes craignaient-elles la satire de sa présence. Peu nombreux pourtant sont ceux qui avaient une telle connaissance du secret et du génie de la Nature, aucun qui l'inscrive dans une synthèse plus large et plus religieuse. Car il n'avait pas un atome de respect pour les opinions individuelles ou collectives, il ne rendait hommage qu'à la vérité elle-même ; et il observait partout chez les docteurs un penchant à la déférence, ce qui les discréditait. Il a acquis la considération et l'admiration de ses concitoyens, qui n'avaient d'abord vu en lui qu'un original. Les paysans qui l'ont employé comme arpenteur ont vite découvert sa compétence et sa précision rares, sa connaissance de leurs terres, des arbres, des oiseaux, des vestiges indiens, etc., qui lui permettait d'en dire davantage à chaque paysan sur sa propre ferme qu'il n'en savait lui-même, de sorte qu'il commençait à penser que M. Thoreau avait plus de droits que lui sur sa terre. Ils avaient aussi le sentiment d'une supériorité de caractère qui s'adressait à tous avec une autorité innée.

Les traces des Indiens abondent à Concord – pointes de flèche, couteaux de pierre, pilons et tessons de poterie, et sur les bords de la rivière, de larges tas de coquilles de palourdes et de cendres signalent les endroits que les sauvages ont occupés. Il accordait de l'importance à ces vestiges et à toute circonstance relative à l'Indien. Ses excursions dans le Maine étaient d'abord motivées par cette passion pour l'Indien. Il avait la satisfaction d'assister à la construction du canoë, aussi bien que de se faire la main à bord dans les rapides. Il voulait savoir comment on fait une pointe de flèche en pierre et dans ses derniers jours il chargea un jeune homme qui partait pour les Montagnes Rocheuses de trouver un Indien qui pourrait le lui apprendre, ce qui « méritait bien un voyage en Californie ». Il arrivait qu'un groupe d'Indiens Penobscot viennent à Concord au cours de l'été et plantent leurs tentes pendant quelques semaines sur les berges. Il ne manquait pas de faire connaissance avec les meilleurs d'entre eux, même s'il savait bien que poser des questions aux Indiens revient à interroger des castors et des lapins. Au cours de sa dernière excursion dans le Maine [en 1857], il avait beaucoup apprécié la compagnie de Joseph Polis, un intelligent Indien d'Oldtown, qui avait été son guide pendant plusieurs semaines.

Il avait le même intérêt pour tout fait naturel. La profondeur de sa perception découvrait une loi identique dans toute la Nature, et je ne connais aucun génie qui ait inféré si vite une loi universelle à partir d'un fait isolé. Il n'était pas le spécialiste pédant d'un domaine. Son œil était ouvert à la beauté et son oreille à la musique. Il les trouvait non pas en de rares occasions mais partout où il allait. Il pensait que le meilleur de la musique était dans les accords uniques et trouvait une suggestion poétique dans les vibrations du fil du télégraphe.

Sa poésie pouvait être mauvaise ou bonne ; il manquait certes de facilité lyrique et de maîtrise technique mais il avait la source de la poésie dans sa perception spirituelle. C'était un bon lecteur et un bon critique et son jugement sur la poésie allait à son principe. On ne le trompait pas sur la présence ou l'absence de l'élément poétique dans une composition et il avait une telle soif de cet élément qu'elle lui faisait négliger et peut-être mépriser les grâces superficielles. Il passait quantité de finesses rythmiques mais pouvait détecter toute strophe ou tout vers ardents dans un volume et il savait très bien où trouver un charme poétique égal dans la prose. Il était si épris de la beauté spirituelle qu'il tenait tous les poèmes qui ont été écrits en très mince estime en comparaison. Il admirait Eschyle et Pindare, mais si quelqu'un en faisait l'éloge, il disait qu'« Eschyle et les Grecs, en décrivant Apollon et Orphée, n'avaient donné aucun chant, ou aucun qui vaille. Ils n'auraient pas dû faire se mouvoir les arbres mais entonner aux dieux un hymne dont le chant aurait expulsé les vieilles idées de leur tête pour laisser place à des nouvelles ». Ses vers étaient souvent maladroits et imparfaits. L'or n'est pas encore pur mais brut et mêlé. Le thym et la marjolaine ne sont pas encore miel. Mais s'il manque de finesse lyrique et de mérites techniques, s'il n'a pas le tempérament poétique, la pensée causale[19] ne lui fait jamais défaut, ce qui montre que son génie valait mieux que son talent. Il connaissait la valeur de l'Imagination pour encourager et consoler la vie humaine, et aimait jeter chaque pensée dans un symbole. Le fait dont vous parlez n'a pas de valeur, seule l'impression en a. C'est pourquoi sa présence était poétique, poussait toujours la curiosité à connaître plus en profondeur les secrets de son esprit. Il avait bien des domaines réservés, une réticence à exhiber devant des yeux profanes ce qui était encore sacré aux siens et avait l'art de jeter un voile poétique sur son expérience. Tous les lecteurs de *Walden* se souviendront du récit mythique de ses déceptions :

> « J'ai jadis perdu un chien de chasse, un cheval bai et une tourterelle, et je les cherche encore. Nombreux sont les voyageurs à qui j'en ai parlé, décrivant leurs empreintes et à quels appels ils répondaient. J'en ai rencontré un ou deux qui avaient entendu le chien, le pas du cheval et même vu la tourterelle disparaître derrière un nuage ; et ils semblaient aussi soucieux de les retrouver que s'ils les avaient eux-mêmes perdus[20]. »

Ses énigmes méritaient la lecture, et je reconnais que si parfois je n'en comprends pas la lettre, elle est cependant juste. La richesse de sa vérité était telle qu'il ne faisait pas en vain usage des mots.

Son poème intitulé « Sympathie » révèle la tendresse sous ce triple acier de stoïcisme et la subtilité intellectuelle qu'elle pouvait susciter. Son poème classique sur la « Fumée » évoque Simonide, mais il est meilleur qu'aucun poème de Simonide. Sa biographie est dans ses vers. Le fond de sa pensée fait de toute sa poésie un hymne à la Cause des causes, l'Esprit qui vivifie et dirige le sien.

> J'entends, qui n'avais que des oreilles,
> Et vois, qui n'avais que des yeux ;
> Je vis des instants, qui ne vivais
> [que des années,
> Et perçois la vérité, qui ne savais
> [que tradition.

Et plus encore dans ces vers religieux :

> Mon heure natale est avant tout
> [en cet instant,

Et en ce seul instant l'aube de ma
[vie ;
Je ne mets pas en doute l'amour
[inexprimé
Que ni mes qualités ni mes manques
[n'ont acheté,
Qui m'a courtisé jeune et me
[courtise vieux,
Et m'a porté jusqu'à ce soir[21].

S'il faisait preuve dans ses écrits d'une certaine irritation à l'égard des églises ou des hommes d'Église, il avait une religion, rare, tendre et absolue, il était incapable d'aucune profanation, en acte ou en pensée. Il était inévitable que l'isolement inhérent à l'originalité de sa pensée et de sa vie le détache des formes religieuses collectives. Ce n'est ni à critiquer ni à regretter. Aristote l'a expliqué il y a longtemps quand il disait : « Qui dépasse en vertu ses concitoyens n'est plus membre de la cité. Leur loi n'est pas pour lui, car il est à lui-même sa loi » *(Politique)*.

Thoreau était la sincérité même et pouvait par sa vie sainte fortifier la foi des prophètes dans les lois éthiques. C'était une expérience affirmative qui refusait d'être mise de côté. Il avait une parole de vérité, une capacité à la conversation la plus profonde et rigoureuse ; c'était un médecin des blessures de toutes les âmes ; un ami qui connaissait non seulement le secret de l'amitié, mais qui était presque l'objet d'une adoration de la part des quelques personnes qui recouraient à lui comme leur confesseur et prophète et connaissaient la valeur profonde de son esprit et de son grand cœur. Il pensait que sans religion ou dévotion de quelque sorte, on n'accomplissait jamais rien de grand, et que le croyant sectaire ferait bien de s'en souvenir.

Ses vertus, certes, allaient parfois aux extrêmes. Il était facile de voir dans cette exigence inexorable, attendue de tous, d'exacte vérité, l'origine de cette austérité qui a rendu cet ermite volontaire plus solitaire encore qu'il ne le souhaitait. Lui-même d'une parfaite probité, il n'en attendait pas moins d'autrui. Toute délinquance lui répugnait et aucune réussite sociale ne pouvait la couvrir. Il détectait les faux-semblants chez les personnes dignes et prospères aussi bien que chez les mendiants, et avec le même mépris. Il était d'une si dangereuse franchise dans ses relations que ses admirateurs l'appelaient « ce terrible Thoreau », comme s'il parlait quand il gardait le silence et était encore présent quand il était parti. Je crois que la sévérité de son idéal a contribué à le priver d'une saine part de société humaine.

L'habitude d'un réaliste[22] de voir dans les choses le contraire de ce qu'elles paraissent l'inclinait à présenter toute affirmation sous forme de paradoxe. Un certain goût pour l'antagonisme défigurait ses premiers écrits – un tour de rhétorique dont il ne s'était pas complètement défait dans les derniers, consistant à remplacer le mot et la pensée qu'on attend par son opposé diamétral. Il louait les montagnes sauvages et les forêts hivernales pour leur aspect domestique, trouvait une vive chaleur dans la neige et la glace et faisait l'éloge des espaces déserts pour leur ressemblance avec Rome et Paris. *C'était si sec qu'on aurait pu le dire humide.*

La tendance à agrandir l'instant, à lire toutes les lois de la Nature dans le seul objet ou la seule combinaison qu'on a sous les yeux est bien entendu comique pour ceux qui ne partagent pas avec le philosophe sa perception de l'identité. Pour lui la taille n'existait pas. L'étang était un petit océan, l'Atlantique un vaste étang de Walden. Il rapportait chaque menu fait à des lois cosmiques. Même s'il estimait être juste, il semblait hanté par une certaine hypothèse chronique selon laquelle la science actuelle prétendait à la complétude, alors qu'il venait juste de découvrir que les *savans*[23] avaient négligé de distinguer une variété botanique particulière, s'étaient trompés dans la description des graines ou le compte des sépales. « C'est-à-dire, répliquions-nous, que ces idiots n'étaient pas nés à Concord, mais qui a dit qu'ils l'étaient ? C'était leur indicible infortune d'être nés à Londres, à Paris ou à Rome ; mais, les pauvres, ils faisaient ce qu'ils pouvaient, étant donné qu'ils n'avaient jamais vu l'étang de Bateman ni Nine-Acre-Corner ni le marais de

Becky Stow. En outre, à quelle fin avez-vous été envoyé dans le monde, si ce n'est pour ajouter cette observation ? »

Si son génie n'avait été que contemplatif, il aurait été fait pour cette vie, mais avec son énergie et son habileté pratique il semblait né pour une grande entreprise et pour le commandement ; et je regrette tant la perte de ses rares capacités d'action que je ne peux m'empêcher de lui compter pour faute de ne pas avoir été plus ambitieux. Faute d'ambition, au lieu d'être un bâtisseur pour toute l'Amérique, il était le capitaine d'une cueillette de myrtilles. Moudre des haricots, c'est bien si c'est pour un jour pulvériser des empires – mais si, après des années, on en est encore aux haricots !

Mais ces faiblesses, réelles ou apparentes, disparaissaient vite dans la croissance incessante d'un esprit si vigoureux et si sage et qui effaçait ses défaites par de nouveaux triomphes. Son étude de la Nature lui était un ornement perpétuel et rendait ses amis curieux de voir le monde à travers ses yeux et d'entendre ses aventures. Elles avaient toutes sortes d'intérêts.

Il avait ses propres élégances, même s'il raillait l'élégance conventionnelle. Par exemple il ne supportait pas d'entendre ses pas ou le crissement du gravier, de sorte qu'il n'empruntait jamais la route, mais l'herbe, la montagne ou les bois. Ses sens étaient aigus, et il remarquait que la nuit toute habitation dégage un air mauvais, comme un abattoir. Il aimait la fragrance pure du mélilot. Il honorait certaines plantes d'une considération spéciale, le nénuphar avant tout – puis la gentiane, la *Mikania scandens*, l'immortelle *(Anaphalis)* et un tilleul auquel il rendait visite chaque année quand il était en fleurs à la mi-juillet. Il pensait que l'odorat est un mode d'examen plus oraculaire que la vue – plus oraculaire et plus fiable. L'odorat, de fait, révèle ce qui est caché aux autres sens. Il détectait ainsi ce qui est grossier[24]. Il prenait plaisir aux échos et disait qu'ils étaient presque la seule sorte de voix apparentées qu'il entende. Il aimait tant la Nature, était si heureux dans sa solitude qu'il appréhendait de plus en plus les villes et le triste effet que leurs raffinements et leurs artifices ont produit sur l'homme et son habitat. La hache détruisait constamment sa forêt. « Dieu merci, disait-il, ils ne peuvent abattre les nuages ! Toutes sortes de figures se dessinent sur le fond bleu avec cette peinture blanche fibreuse[25]. »

Je joins quelques phrases extraites de ses manuscrits non publiés[26], non seulement parce qu'elles témoignent de sa pensée et de sa sensibilité, mais pour leur pouvoir de description et leur excellence littéraire.

Telle circonstance a une grande force de preuve, comme lorsqu'on trouve une truite dans le lait[27].

Le chevesne est un poisson tendre, et a le goût du papier brun bouilli et salé.

Le jeune homme rassemble des matériaux pour bâtir un pont vers la lune, ou peut-être un palais ou un temple sur la terre, et à la fin l'homme mûr se décide à bâtir avec un abri en bois.

Le z-ing de la sauterelle.

Des libellules zigzaguant le long du ruisseau de Nut-Meadow *(Devil's-needles zigzagging along the Nut-Meadow brook)*.

Le sucre n'est pas si doux au palais que le son pour une oreille saine.

J'ai mis quelques rameaux d'hemlock[28], et le riche craquement de sel de leurs aiguilles était comme de la moutarde pour l'oreille, le craquement d'innombrables régiments. Les arbres morts aiment le feu.

Le merlebleu *(bluebird)* porte le ciel sur son dos.

Le tangara vole à travers le feuillage vert comme s'il voulait embraser les feuilles.

Si je souhaite un crin de cheval *(horse-hair)* pour ma boussole d'arpenteur, je dois aller dans l'écurie ; mais le bruant *(hair-bird)*, avec ses yeux perçants, va sur la route.

L'eau immortelle, vivante même en surface.

Le feu est la plus tolérable tierce personne.

La nature n'a créé les fougères que pour les feuilles, afin de montrer ce qu'elle pouvait faire dans cette direction.

Aucun arbre n'a un si beau fût et n'a une base si élégante que le hêtre.

Comment ces belles couleurs arc-en-ciel ont-elles pu aller dans la coquille de la palourde d'eau douce, enfouie dans la vase au fond de notre sombre rivière ?

Durs sont les temps où les chaussures du tout-petit sont de second pied[29].

Nous sommes strictement limités aux hommes que nous laissons libres[30].

Rien n'est tant à craindre que la crainte. L'athéisme peut comparativement plaire à Dieu lui-même.

Quelle importance ont les choses qu'on peut oublier ? Une pensée infime fait sonner la cloche pour le monde entier.

Comment pouvons-nous attendre une moisson de pensée qui n'avons pas fait semailles de caractère[31] ?

On ne peut en toute confiance donner qu'à celui qui offre un visage de bronze aux espérances.

Je demande à être fondu. Tout ce qu'on peut demander aux métaux est d'être tendre au feu qui les fond. Ils ne sont tendres à rien d'autre.

Il existe une fleur connue des botanistes, du même genre que la plante d'été que nous appelons « Immortelle », un *Gnaphalium* de cette sorte, qui pousse sur les parois les plus inaccessibles des montagnes du Tyrol, où les chamois osent à peine s'aventurer et où le chasseur, tenté par sa beauté et par son amour (car elle a une valeur immense aux yeux des jeunes filles suisses) grimpe pour la cueillir et qu'on retrouve parfois mort en bas, la fleur à la main. Les botanistes l'appellent *Gnaphalium leontopodium* et les Suisses *Edelweiss*, ce qui signifie *Noble pureté.* Thoreau me semblait vivre dans l'espoir de cueillir cette plante, qui lui appartenait de droit. Si grande était l'échelle sur laquelle ses études progressaient qu'il lui fallait une longue vie, et nous étions d'autant moins préparés à sa disparition soudaine. Le pays ne sait pas encore, ou en partie seulement, et la moindre, quel grand fils il a perdu. C'est comme une injure qu'il doive laisser au milieu du gué sa tâche interrompue, que nul autre ne peut finir – une sorte d'indignité pour une âme si noble qu'elle doive quitter la Nature avant qu'il ne se soit vraiment montré à ses pairs pour ce qu'il est. Mais lui, au moins, est satisfait. Son âme était faite pour la plus noble société ; il a dans une courte vie épuisé les possibilités de ce monde ; en tout lieu de savoir, en tout lieu de vertu, en tout lieu de beauté, il trouvera une demeure.

# NOTES

1. On trouvera l'essentiel des textes qu'il a donnés au *Dial* dans *Matin intérieur*, publié dans cette même collection.

2. Jean Thoreau, son grand-père paternel, né à Saint-Hélier (Jersey) en 1754, arrive à Boston en 1773.

3. Thoreau a suivi les quatre années du cursus secondaire, de 1833 à 1837, mais, une fois *graduated*, n'est pas allé plus loin. (Le terme *college* avait un sens plus large que notre *université*.) Dans son essai sur *Les Myrtilles* (traduit dans cette même collection), il écrivait à propos de Theodore Parker, transcendantaliste qui, comme Emerson, avait fait des études de théologie avant de devenir pasteur : « enfant, il a reçu son éducation en cueillant des myrtilles [...].

C'est là qu'était l'université, où vous pouviez apprendre le Droit, la Médecine et la Théologie éternels » sous des professeurs bien plus sages que ceux de Harvard. « Pourquoi tant de hâte à quitter le champ de myrtilles pour la cour du College ? »

4. Sur ces innovations voir les précisions d'Edward Emerson (le fils d'Emerson) dans l'édition du centenaire, vol. 10.

5. En français dans le texte.

6. *Journal*, 26 juin 1852.

7. Les éditeurs du volume *Emerson's Prose and Poetry* (New York, Norton, 2001) précisent qu'« Emerson juxtapose ici deux entrées de son journal. Au printemps 1843, il cite Elizabeth Hoar : *I love Henry, but do not like him*, et au cours de l'été 1848, il fait lui-même la remarque sur le bras de Thoreau. » Elizabeth Hoar devait se marier avec Charles, l'un des frères d'Emerson, mort de la tuberculose en 1836.

8. C'est au cours de l'été 1846 que se situe cet épisode.

9. En français dans le texte (avec la faute).

10. *Plaidoyer pour le capitaine John Brown*, 30 octobre 1859. Fervent militant abolitionniste, John Brown (1800-1859) avait attaqué un arsenal en Virginie le 16 octobre précédent dans l'espoir d'un soulèvement des esclaves. Arrêté et accusé de trahison, il fut pendu le 2 décembre suivant. Emerson intervint également en sa faveur.

11. Plotin (205-270) : philosophe néoplatonicien, auteur d'une série de traités rassemblés sous le titre d'*Ennéades* et dont Emerson citait une phrase en épigraphe de la première édition (1836) de *Nature* (au seuil de toute son œuvre) : « La nature n'est qu'une image ou une imitation de la sagesse, la dernière chose de l'âme ; la nature étant une chose qui n'est qu'action, et non connaissance. » (Dans la réédition de 1849, soucieux d'indépendance et d'originalité, il remplacera cette citation par un bref poème de son cru.)

12. Walter Scott, *Les Fiancés*, 1825. Allusion à une réplique de Rose à son interlocutrice, qui pense que son père a un « solide bon sens » et un « jugement sain », mais pas sur tous les sujets, de sorte qu'« il ne serait pas vraiment le bon conseiller dans l'affaire qui nous concerne ».

13. Pension de Boston qui suivait les principes de Sylvester Graham.

14. Dans le chapitre IV (Langage) de *Nature*, Emerson écrivait : « La nature est le symbole de l'esprit. Les faits naturels particuliers sont les symboles de faits spirituels particuliers. [...] La rivière et l'orage, la bête et l'oiseau, acide et alcali préexistent en tant qu'idées nécessaires dans l'esprit de Dieu. [...] La création visible est la frontière ou la circonférence du monde invisible. » En 1861, au début de la guerre civile, Thoreau était resté fidèle à cette vision, écrivant

à un ami : « Bénis soient ceux qui ne lisent jamais les journaux, car ils verront la nature, et à travers elle Dieu. »

15. Sur ce point voir le chapitre IX (sur 18 chapitres), *The Ponds*, de *Walden.*

16. Une colline de Concord.

17. *Victoria regia* ou *Victoria amazonica*, nénuphar géant. *Neige rouge*, phénomène évoqué par Kane et d'autres voyageurs. C'est le botaniste Robert Brown qui découvrit que cette coloration était due à une algue, d'abord appelée *Protococcus nivalis*, aujourd'hui *Chlamydomonas nivalis*.

18. Paruline flamboyante, *redstart*, *Setophaga ruticila*. Bec-croisé, *grosbeak* (peut-être le bec-croisé des sapins, *Loxia curvirostra*). « Oblige l'imprudent qui le voit à se frotter les yeux *(makes the rash gazer wipe his eye)* » : Emerson réécrit (sans italique ni guillemets) un vers d'un poème de George Herbert (XVIIe siècle) : *Virtue* (dont on peut trouver une traduction de Jean Mambrino dans un article de la revue *Études*, « Simone Weil et George Herbert », février 1974). Dans le dernier chapitre de *Nature*, Emerson présentait Herbert comme le *beautiful psalmist of the seventeenth century* avant de citer cinq strophes d'un autre poème. Thoreau cite la première strophe de *Virtue* dans un chapitre de son premier livre, *A Week on the Concord and Merrimack rivers*. La deuxième strophe est consacrée à la « Douce rose, dont la splendide couleur

enflammée / Oblige l'imprudent qui la voit à se frotter les yeux ».

19. *Causal thought* : expression sans doute équivalente à *perception spirituelle.* Voir *infra* « la Cause des causes, l'Esprit qui vivifie », etc. Emerson emploie de nombreux synonymes pour désigner le divin : *deity*, *divinity*, *God*, *soul*, *over-soul*, *supreme Mind* et aussi *supreme Cause* : voir *Self-Reliance* : *L'auto-existence est l'attribut de la Cause suprême.*

20. Chapitre I, *Économie.* Dans l'édition Aubier Bilingue (1967), G. Landré-Augier notait ici : *Passage obscur et souvent discuté.*

21. Simonide : poète grec (556-468). La Fontaine lui a consacré une fable : « Simonide préservé par les dieux » : « Simonide avait entrepris / L'éloge d'un athlète », etc.

« Sympathie » et « Fumée » ont d'abord été publiés dans la revue *The Dial*, l'un en 1840, l'autre en 1843. On retrouve ce dernier à la fin du chapitre XIII de *Walden (House-Warming)* : bref poème où il compare la fumée à un *oiseau icarien*, puis à un *rêve qui disparaît* et conclut : « Élève-toi mon encens au-dessus de ce foyer, / Et demande aux dieux de pardonner cette flamme claire. »

Les dix vers cités sont extraits d'un autre poème, « Inspiration », publié dans un journal de Boston en 1863 et dont Emerson cite d'autres strophes dans son dernier volume d'essai

(*Lettres et ambitions sociales*, 1875), en exergue de celui qu'il consacre à *L'Inspiration*, où il en dénombre pas moins de neuf sources, comme les neuf muses.

22. Le terme est sans doute à entendre dans son sens philosophique, celui de Platon et du réalisme des Idées. Dans *Nominaliste et réaliste* (un essai de la *Seconde série* de 1844), Emerson écrivait : « Dans leur fameuse controverse avec les Nominalistes, les Réalistes raisonnaient avec beaucoup de justesse. Les idées générales sont des essences [ont une existence *réelle* en dehors du monde sensible et ne sont pas que des mots, que des *noms*]. Elles sont nos dieux. »

23. En français (avec la faute).

24. Ou ce qui est *terreux (by it he detected earthiness)*. Ces trois phrases, qu'Emerson a transposées à la troisième personne, sont de Thoreau (*Journal*, 8 mai 1852). Elles sont suivies (le 16 mai) de la remarque sur la vase et les irisations de la coquille de palourde, voir *infra*.

25. La seconde phrase est extraite du *Journal*, 20 janvier 1853.

26. De son *Journal*, entre novembre 1850 et mai 1852.

27. Emerson se plaignait parfois qu'on lui livre du lait coupé d'eau.

28. Ou pruche du Canada.

29. Thoreau parle de religion : au lieu d'une relation directe au divin, on s'attarde dans la

vieille garde-robe. Sur cette image vestimentaire, voir le premier paragraphe éclatant de *Nature* : *its faded wardrobe*, etc.

30. Phrase qui suit ce passage du *Journal* : « Pourquoi ne puis-je aller à son bureau pour parler à James Wood et apprendre ce qu'il sait ? Mais je devrais lui imposer une certaine restriction. Nous sommes strictement, etc. »

31. Son ami Channing (dans sa biographie – la première –, *Thoreau, The Poet-naturalist*, 1873) fait précéder cette phrase d'une autre remarque de Thoreau, qui souhaitait préserver sa relation à la nature en étant *more moral, more pure and innocent*, ce qui laisse à penser que *caractère* est à entendre au sens que lui donne Emerson de *rectitude* morale – voir ses deux essais sur ce sujet *(Character)* et la définition qu'il en donne dans son article du *Dial* sur *Walter Savage Landor.* (Voir en droit *character evidence, {preuve de moralité}.*)

## TABLE

**Rivages poche/Petite Bibliothèque**
Collection dirigée par Lidia Breda

## Dernières parutions

| | |
|---|---|
| R. L. Stevenson | *Will, l'homme du moulin* (n° 1003) |
| R. M. Rilke | *Printemps enchanté* (n° 1002) |
| H. D. Thoreau | *Myrtilles* (n° 1001) |
| A. Dufourmantelle | *Puissance de la douceur* (n° 1000) |
| A. Gide | *Hommage à Oscar Wilde* (n° 993) |
| Alain | *Abrégé de philosophie pour les aveugles* (n° 992) |
| Edith Bruck | *Pourquoi aurais-je survécu ?* (n° 991) |
| Diogène | *Pensées et anecdotes* (n° 990) |
| Unamuno | *Aphorismes et définitions* (n° 989) |
| Bhartṛhati | *La Sagesse du monde* (n° 1007) |
| M. Twain | *Petite anthologie de l'humour* (n° 1006) |
| V. Hugo | *Guerre aux démolisseurs* (n° 1005) |
| Alain | *Les Passions et les Vertus* (n° 1004) |
| Voltaire-D'Alembert-Condorcet | *Correspondance secrète* (n° 988) |
| C. Pelluchon | *Manifeste animaliste* (n° 987) |
| Proust-Noailles | *Correspondance* (n° 986) |
| M. Renouard | *Éloge des librairies* (n° 984) |
| Kundakunda | *La Quintessence du Soi* (n° 983) |
| Laurent de Médicis | *Poésies* (n° 982) |
| Pierre Janet | *La Psychanalyse de Freud* (n° 979) |
| J.-H. Fabre | *Respiration des plantes* (n° 978) |
| J. Cazotte | *La Patte du chat* (n° 977) |
| V. Segalen | *Essai sur le mystérieux* (n° 976) |
| H. D. Thoreau | *Matin intérieur* (n° 975) |

| | |
|---|---|
| Ibn Tufayl | *Le Philosophe sans maître* (nº 974) |
| J.-J. Rousseau | *Trois contes* (nº 973) |
| Cesare Pavese | *Travailler use* (nº 972) |
| Franz Cumont | *Zodiaque* (nº 971) |
| Stefan Zweig | *Mondes nouveaux* (nº 970) |
| Virginia Woolf | *Trois guinées* (nº 969) |
| Diderot | *Mélanges littéraires et philosophiques* (nº 968) |
| S. Latouche | *L'Abondance frugale comme art de vivre* (nº 967) |
| Daniel Defoe | *Anatomie de la Bourse et des pratiques spéculatives* (nº 964) |
| Aristote | *L'Amitié* (nº 959) |
| S. Rajacandra | *La Réalisation du Soi* (nº 957) |
| Stefan Zweig | *Cicéron* (nº 952) |
| Cicéron | *La Médecine de l'âme* (nº 951) |
| Stefan Zweig | *La Peur* (nº 783) |
| Stefan Zweig | *Le Désarroi des sentiments* (nº 774) |
| J. Butler | *Qu'est-ce qu'une vie bonne ?* (nº 954) |
| C. Pelluchon | *Réparons le monde* (nº 953) |
| Sappho | *Poèmes* (nº 478) |
| Boèce | *Consolation de la Philosophie* (nº 58) |
| P.P Pasolini | *La Religion de mon temps* (nº 948) |
| W. Rheiner | *Cocaïne* (nº 947) |
| Voltaire | *Mélanges de philosophie, de morale et de politique* (nº 943) |
| Verlaine | *Écrits sur Rimbaud* (nº 942) |
| Leo Strauss | *Nihilisme et politique* (nº 460) |
| A. Schopenhauer | *Douleur du monde* (nº 57) |
| G. Simmel | *Philosophie de l'amour* (nº 55) |
| Gandhi | *Du devoir de désobéissance civile* (nº 991) |
| P. Janet | *La Haine et l'Amour* (nº 940) |
| A. Dumas | *Lettres d'amour* (nº 939) |

| | |
|---|---|
| Horace | *Carpe Diem* (n° 935) |
| Maël Renouard | *Éloge de Paris* (n° 934) |
| Marc Augé | *Match retour* (n° 933) |
| Mark Twain | *Comment raconter une histoire* (n° 932) |
| Mark Twain | *La Liberté de parole* (n° 697) |
| R. W. Emerson | *La Destinée et les Illusions* (n° 929) |
| F. Nietzsche | *Hymne à l'amitié* (n° 930) |
| F. Nietzsche | *Ainsi parla Zarathoustra* (n° 394) |
| F. Nietzsche | *Dernières lettres* (n° 70) |
| E. Coccia | *Le Bien dans les choses* (n° 928) |
| R. Descartes | *Les Météores* (n° 924) |
| Thucydide | *De la guerre* (n° 923) |
| Guiguzi | *L'Art de la persuasion* (n° 922) |
| A. Dufourmantelle | *Défense du secret* (n° 921) |
| A. Dufourmantelle | *Blind date* (n° 920) |
| Paul Valéry | *Mélange* (n° 919) |
| Giorgio Agamben | *Nudités* (n° 760) |
| Giorgio Agamben | *Profanations* (n° 549) |
| C. M. Schulz | *Super Snoopy* (n° 678) |
| C. M. Schulz | *Les Amours des Peanuts* (n° 506) |
| C. M. Schulz | *On va y arriver, Charlie Brown* (n° 431) |
| K. R. Popper | *Des sources de la connaissance et de l'ignorance* (n° 241) |
| Plutarque | *Consolation à sa femme* (n° 917) |
| E. Levinas | *De l'unicité* (n° 916) |
| Gandhi | *Sauver les vaches des abattoirs* (n° 915) |
| Phèdre | *Fables* (n° 913) |
| M. Proust / R. de Montesquiou | *Correspondance* (n° 912) |
| Gertrude Stein | *Paris France* (n° 911) |
| E. et J. Goncourt | *La du Barry* (n° 907) |
| Hésiode | *Théogonie* (n° 83) |

| | |
|---|---|
| Gertrude Stein | *La Terre est ronde* (n° 906) |
| Virginia Woolf | *De la maladie* (n° 562) |
| Chantal Thomas | *Souffrir* (n° 522) |
| Giorgio Agamben | *Le Feu et le Récit* (n° 904) |
| Épictète | *La Paix de l'âme* (n° 902) |
| I. de Loyola | *Exercices spirituels* (n° 818) |
| R.W. Emerson | *La Confiance en soi* (n° 301) |
| Florence Burgat | *Être le bien d'un autre* (n° 901) |
| Gandhi | *Du végétarisme* (n° 900) |
| H.D. Thoreau | *Les Forêts du Maine* (n° 771) |
| Plutarque | *Manger la chair ?* (n° 395) |
| Simone Weil | *Contre le colonialisme* (n° 898) |
| E. Coccia | *La Vie sensible* (n° 801) |
| Marc Bekoff | *Les Émotions des animaux* (n° 773) |
| E. Levinas | *Quelques réflexions sur la philosophie de l'hitlérisme* (n° 226) |
| Hannah Arendt | *Considérations morales* (n° 181) |
| Mme de Souza | *Adèle de Sénange* (n° 897) |
| Mme de Staël | *Dix années d'exil* (n° 744) |
| Mme de Lambert | *Avis d'une mère à sa fille* (n° 566) |
| Mme de Lambert | *De l'amitié* (n° 268) |
| Gustave Flaubert | *Lettres à Louise Colet* (n° 894) |
| Victor Hugo | *Lettres à la fiancée* (n° 893) |
| C.M. Schulz | *Peanuts* (n° 446) |
| C.M. Schulz | *Lucy psychiatre* (n° 369) |
| C.M. Schulz | *La vie est un rêve, Charlie Brown* (n° 368) |
| J. Jellezs - L. Meyer | *Spinoza vu par ses amis* (n° 891) |
| Gilberte Périer | *Vie de Monsieur Pascal* (n° 890) |
| Pascal | *L'Art de persuader* (n° 930) |
| Pline le Jeune | *L'Art d'écrire* (n° 888) |
| Giorgio Agamben | *Le temps qui reste* (n° 466) |
| Giorgio Agamben | *L'Amitié* (n° 584) |
| Leslie Stephen | *Éloge de la marche* (n° 886) |

| | |
|---|---|
| Italo Svevo | *Dernières cigarettes* (n° 311) |
| *Scènes de la vie privée et publique des animaux* (n° 885) | |
| Florence Burgat | *Le Mythe de la vache sacrée* (n° 884) |
| R.M. Rilke | *Mitsou* (n° 597) |
| Simone Weil | *La Personne et le Sacré* (n° 883) |
| Claudio Magris | *Trois Orients* (n° 543) |
| G. Leopardi | *L'Art de ne pas souffrir* (n° 878) |
| W. Gombrowicz | *Cours de philosophie en six heures un quart* (n° 171) |
| Arthur Schnitzler | *Relations et solitudes* (n° 51) |
| Pierre Sansot | *La Marginalité urbaine* (n° 882) |
| F. Pessoa | *Lettres à la fiancée* (n° 43) |
| David Hume | *Abrégé du Traité de la nature humaine* (n° 877) |
| Christine de Suède | *Maximes* (n° 200) |
| Casanova | *Mon apprentissage à Paris* (n° 252) |
| Plutarque | *Comment rester en bonne santé* (n° 876) |
| Sénèque | *Le Temps à soi* (n° 457) |
| Sénèque | *De la tranquillité de l'âme* (n° 48) |
| Giorgio Agamben | *L'Aventure* (n° 870) |
| Giorgio Agamben | *L'Ouvert* (n° 533) |
| Giorgio Agamben | *Auschwitz* (n° 390) |
| Felix Salten | *Bambi* (n° 868) |
| A. Dufourmantelle | *La Sauvagerie maternelle* (n° 867) |
| Florence Burgat | *Vivre avec un inconnu* (n° 866) |
| Sophie de Condorcet | *Lettres sur la sympathie* (n° 861) |
| Simone Weil | *Amitié* (n° 860) |
| Adam Smith | *Théorie des sentiments moraux* (n° 859) |
| Paul Valéry | *Mauvaises pensées* (n° 858) |
| Joseph Joubert | *Pensées* (n° 857) |
| Bernis | *Réflexions sur les passions* (n° 855) |
| Mme de Villedieu | *Les Désordres de l'amour* (n° 854) |
| Shaftesbury | *Lettre sur l'enthousiasme* (n° 852) |

| | |
|---|---|
| D'Holbach | *Théologie portative* (n° 851) |
| Q. T. Cicéron | *Petit Manuel de campagne électorale* (n° 559) |
| Pascal | *Pensées sur la politique* (n° 75) |
| J.-M. Charcot | *La Foi qui guérit* (n° 849) |
| Chateaubriand | *Voyage en Italie* (n° 848) |
| Hermann Hesse | *Contes* (n° 847) |
| Lu Yu | *Le Classique du thé* (n° 846) |
| E. Levinas | *Être juif* (n° 845) |
| Kakuso Okakura | *Le Livre du thé* (n° 481) |
| Walter Benjamin | *Je déballe ma bibliothèque* (n° 320) |
| Martin Heidegger | *Remarques sur art – sculpture – espace* (n° 640) |
| Racine | *Abrégé de l'histoire de Port-Royal* (n° 840) |
| Épicure | *Sur le plaisir* (n° 839) |
| Fontenelle | *Sur le bonheur, la patience, la liberté* (n° 836) |
| P. P. Pasolini | *Poésie en forme de rose* (n° 835) |
| Adolf Loos | *Ornement et crime* (n° 412) |
| Plutarque | *Comment tirer profit de ses ennemis* (n° 103) |
| Simone Weil | *Écrits sur l'Allemagne* (n° 833) |
| F. T. Marinetti | *Contre Venise passéiste* (n° 832) |
| A. Schopenhauer | *L'Art de se connaître soi-même* (n° 830) |
| Mme de Sablé | *Maximes* (n° 829) |
| Walter Benjamin | *Dernières lettres* (n° 827) |
| Joseph Roth | *Confession d'un assassin racontée en une nuit* (n° 826) |
| A. Dufourmantelle | *Éloge du risque* (n° 825) |
| Montaigne | *De la vanité* (n° 63) |
| Ambrose Bierce | *Le Dictionnaire du Diable* (n° 821) |

pca
cmb
édition pré-presse
livres numériques

44400 Rezé

Imprimé à Barcelone par:
CPI Black Print
juillet 2022